JN418183

이별도 사랑처럼

모아드림 기획시선 115

이별도 사랑처럼

석 천 시집

모아드림

■ 시인의 말

서정 속을 흐르는 비틀리지 않은 언어로

노래를 잘 불러 보려고 목청 돋우려니 엄청나게 힘만 들어 어설프게 부르다 말고 머뭇거린 적 한두 번이 아니다.

그래도 다시 하고 처음부터 또 하다 이제 내 삶과 사랑 그리고 아픔과 그리움을 온 세상 사람들의 것처럼 설렘에 고이 묶어 쏟아져 내리는 햇살 밖으로 선 보인다.

마음속에서만 옹알거리던 어리디어린 시어들이 부신 눈 비비대며 부끄러이 첫 울음을 터뜨리는데 봄기 머금은 높새 타고 내려앉은 잔설 속 돋아날 속잎의 들뜬 숨소리가 오늘따라 가슴을 파고드는 것은…

2009년 새봄에

석천

차 례

제2부
허공에 쓰는 편지

제3부
노을의 모습으로

제4부
눈 감은 별

제1부
화폭에 담는 추억

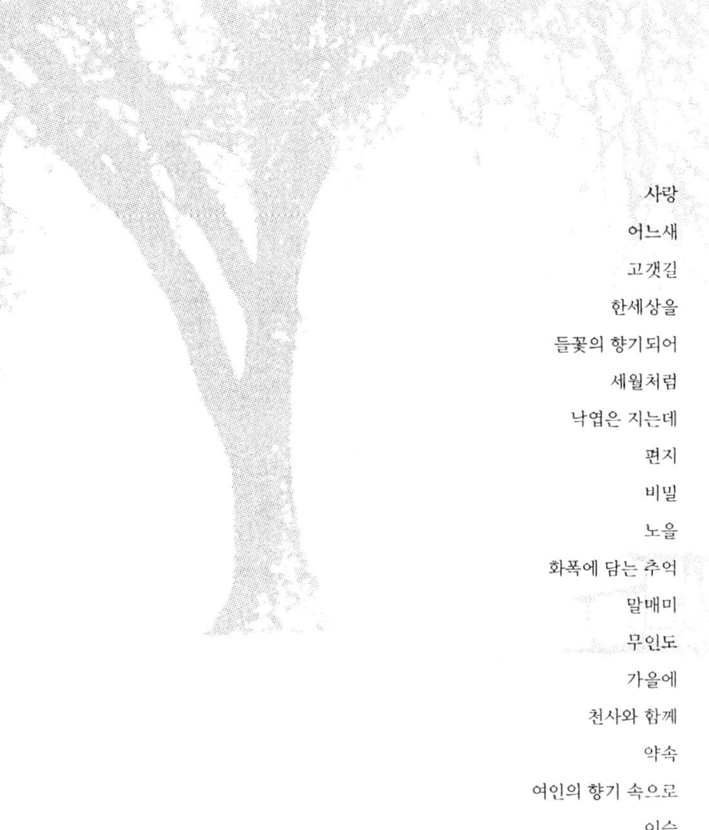

사랑

노을같이 타오르던
아픈 상처 지우려 함일까

강물처럼 흘러가던
기다림의 세월
되찾을 수 없어서일까

이토록 흐르는 눈물은

어느새

매실나무 꽃 향기가
처맛기슭 검버섯 낀 메줏덩이
주름살 틈새를 한껏 메웠고

산다화가 어느 겨를에 농익은 봄을
한입 가득 물고 툭 떨어졌다

회춘懷春이 벌써 시작된 걸까

새순 가뭇하게 돋았을 숫색시마저
실바람 삼킨 버들가지처럼
몸놀림 하는 것을 보면

고갯길

어릴 적 아랫마을 웃마을 휘돌다
진달래꽃 꺾어 꺾어
저물녘 고개턱 막 넘으려면
멀리 거북이 등같이 갈라진 담벼락 굴뚝으로
새어나는 연기가 모락모락
그제야 배 고픈 걸 알아챘다

지금 그 고갯길을 오르고 있다
그때는 숨 가쁜 걸 몰랐다
내게도 벌써 생의 짐이 실린 걸까
아련히 떠오른다 이 언덕길로
가을걷이를 이고 오르내리던 어머니가
삶의 무게까지 더해 얼마나 힘들었을까
나직한 빈 초가는 세월이 뱉은 풍파에 삭아
기억 속 어머니 등처럼 굽어 있다

한세상을

사람들은 세상이 둥글다고 한다
또 세상이 넓다고도 한다
다 맞는 말이다

그렇지만 내비치는 삶의 모습들은
모가 나고
좁아 보이는 듯 복작대며 살아 간다

누구누구나
세상을 딱 한 번 돌아서 갈 뿐인데
한평생 사는 동안

들꽃의 향기되어

가을 탄 누런 잎새들 내려앉아
두리번거리는 들길
돌 틈 비집고 마주보며
방긋대는 들꽃이 부러워
우두커니 선 나

흙바람에 뒤덮이고
눈어겨 봐주는 이 없어도
심줄 같은 질긴 생명력으로

바람에 온몸 흔들려 부대끼며
고통으로 빚어낸 향기로 꽃 피워
지나는 사람 발목 붙잡는

들꽃은 들려준다
누구나 향긋하면 세상도 얻을 수 있고
불러 줄 이름도 얻을 수 있다고
외려 바람이 향기의 유혹에 흔들린다고

세월처럼

나를 향해 멈추어
내 해바라기라고 불러주던 사람

그 사람 무겁게 사주四柱 걸머지고
첫 울음으로 세상과 인연 맺었을 때

그때 구름은
아직 남은 힘을 폭우로 쏟아내고

바람은
여전한 기세로 몰아쳐 고목도 움트게 하며

달은
이지러졌다 차다 하며
기력 잃지 않고 여태껏 처음 그대로 매달려 있다

구름 바람 달은 이토록 한창인데
꽃 같았던 그 사람 모습

꽃잎인 듯 한 잎 두 잎 내려앉아
가는 세월같이 저물어 간다

내 해바라기 눈동자 속에 있는 나도
그 사람 닮아 가고 있을까

낙엽은 지는데

마른잎 구르는 들길에 서면
정겹고 따스한 건
불타는 단풍잎의 뜨거움 때문일까
올 때마다 새로운 게 가을이지만
그 속에는 낯익은 설렘이 있다

심상心想을 가꿔주던 나무들의
잎새가 울긋불긋 꽃을 피우고
절정을 불태우다 내려앉아 밟히고
찢기면서 소슬바람과 함께 한동안
심금을 울리는 교향시로 남는 것처럼

사람도 생의 절정에 이르면
이룬 것 모두를 남겨 놓고 물러나
가슴 벅차오르는 감동 보이며
쓸쓸한 오솔길에 누운 낙엽같이
덧거름이 되어 살아가야 한다는 것을

뒤늦게나마 느껴본다
낙엽이 흘러가는 길을 걸으며

편지

떠나갔지만
내 눈동자 속을 가득 스미는
변하지 않은 그때 그 고운 모습

멀어져 간 수평선처럼
가늘디 가는 까만색 줄따라
내 속에 쌓인 아픔 훑어내고 나니
온몸이 그리움으로 젖어 든다

훑어낸 기억 모두를 담아놓고
미처 다 못한 말 되뇌 보지만
더 옮겨 쓸 수 없는 건
여직껏 믿기지 않는 이별 사연 때문

보내야 할 곳 잃은 것을 잊고
편지지 한 장 가득 채운 것은
떨쳐 버리지 못한
한줌 미련 다시 남기려는 것인지

비밀

누가 누구에게 말한 것을
비밀이라 말해줄 수 없다고 한다면

우리는 쉽게 무언가를
감추려는 것으로 생각한다

비밀은 숨겨지는 것이 아니라
외려 절로 드러나는 것이다

세상에는 갖가지 비밀이 난무하지만
단지 누구든 알게 되기까지
묻혀져 있을 뿐이다

나 어릴 적 동네 아이들과 큰집 밭
수박을 서리하고도 모른 척한
해묵은 비밀도

말은 않지만 알 만한 사람은 다 안다

노을

저물녘 놀을
어설피 아쉬워하다가
다가 올 어둠 속 갓밝이를 잉태하는
한순간이라는 것을 잊은 채

지나쳐 버린다 사람들은
동틀녘 놀을

화폭에 담는 추억

냇가에 앉아 추억을 그리고 있는 나
냇물은 숨소리 녹여 가며
깬 듯 조는 듯 흔들리는데
산수유꽃에 앉은 나비가 되고 싶다던
그 여인 그 아리따움
화폭에 담지 못한 채
하얀 나비만 가슴 빈터를 날고 있다
산수유 꽃 다 지기 전까지는
조금씩 조금씩 젖어드는 먼먼 여인을
짧은 운필이지만 내 마음이 채색된
한 마리 나비로 그리려 하는 것은
아지랑이를 피워내려는
새봄의 몸짓과도 같은 것은 아닐는지

말매미

침묵으로 지샌 인고의 세월
멍에처럼 둘러친 허물 벗고 예사로운 몸짓 보이더니

거꾸로 가는 시간 속의 허기진 삶에 속아
넋을 잃고 열정劣情만 태우다 날바닥에 누워
육신을 매달던 벅찬 다리 가늘게 흔들고 있는 너

너를 보는 해진지 오랜 가슴속 빈 이랑으로
한줌 빛 파고 들지만 그나마도 언젠가는
어둠에 가리어 그림자도 지워져 더 갈 데 없는 날

너처럼 나뭇잎처럼 흔들리며 온 만큼 돌아가
껍데기 같은 영혼 내려놓고 서리서리 이어온
내 역정을 유언처럼 들먹이는 어깨로 쓰리라

네 못다 한 노래도 인생처럼 쓰리라
비록 앉은뱅이저울 위 널브러진 비망록이 될지라도

무인도

무인도만큼이나
사람 많이 살고 있는 곳 있을까
갈수록 섬 마을은 뭍과 닿아

길을 잃은 영혼들은 무인도로 간다
겉으로는 아무도 살지 않는
외딴섬 같아 무인도라 부르지만
뵈지 않는 사람들의 넋들은
유택 같은 그 섬에 모여
부락을 이루며 살게 된지 오래다

가슴속에 섬 하나 묻고 그리던 사람들
그 섬에 가면 잃을 길도
없다는 걸 알고 있기 때문일까

세상살이 고달파 훌훌 털고 떠나
혼자 살고 싶다는 생각 할 때부터

자신들도 모른다 무인도에서의 삶이
어느새 시작되었다는 것을

가을에

가을 속으로 살짝 머리를 들이밀어 본다
육신을 떠난 혼들은 하늘가를 서성이는데
같은 외자로 이름된 해 달 별들만 어째
맑고 드높은 하늘을 독차지해 버렸을까

해와 달과 별들은
어둠이 아닌데도 눈망울 초롱초롱하다
고개를 돌려보면 불타는 산허리가 있고
굽이 돌면 물너울이 퍼덕이며 뛰어오른다
유달리 가을만 되면

잘 뵈지 않던 삼라만상에 눈이 미어지고
보이는 것 모두가 밝고 아름답다
너무나 눈 부시다 보니 서럽기까지 하다
눈시울 닦다 보니 색 바랜 놀 속 깊숙이
기러기가 날고 있다

이 계절엔 무슨 사연事緣이 그리도 많은지

멀어져 가는 기러기 날갯짓 하나하나에도
회한이 흩날린다
실체는 잃어버리고 사연詞緣만 난무하는
황혼기에는 기러기가 우편 집배원이다

산로産勞를 겪고난 논과 밭
콤바인이 훑고 간 주름잡힌 들판을 보다가
온몸이 스산해지고 오그라드는 것은
바리바리 지고 가던 삶의 두터움이
다시 한 겹 벗겨져 나간 탓만은 아닐는지

천사와 함께

그대 모습은 호수에 비친 달 그림자 같구려
은은한 아름다움 지니고 있으니까

그대 마음은 깊은 산 속 옹달샘 같구려
거짓이 없어 맑디맑아 보이니까

그대 삶은 가시고기 일생을 보는 것 같구려
정성과 희생으로 살고 있으니까

훗날 그대가
먼 길 떠날 때에는 나도 동행해야겠구려
스치는 실바람에 들꽃 웃음짓는
햇살 가득한 꽃동산일 테니까

낮에는 새들과 어울려 노래하고
밤에는 별들과 외로움을 달래며
또 다른 한살이를
보내야 할 그대가 가꿔 온 보금자리일 테니까

약속

섬진강에 꽃비 내리면
간다고 혔는디 몸은 요로콤 바빠
맴만 진즉 길 떠나부렸승께

매화가 허벌나게 피어 그대 몸이
봄기운에 바람 낀 실버들맨키로
하늘거리거들랑

내 맴 그 곳에 당도한 것싱께
낸중에라도 거시기 어겼다는 말
쪼께라도 안혔으면 좋겄스라우

여인의 향기 속으로

황해도 안악군 안악3호분의 고분벽화 그 고분벽화 속 고구려의 두 여인 여염집 아낙은 아닌 듯한 이들은 마치 꿈이라도 꾸는 인형처럼 조용한 웃음을 보이고 있다

미소 띤 여인은 아름 답기만 하다 이 여인들을 가만히 들여다 보면 슬그니 스며 나오는 향기로움을 느낀다

아마도 향기로움 있어 오래도록 그 미소가 아름다워 보이는지도 모른다 비록 아주 오래된 고분벽화지만 거기서 풍겨 나오는 향기는 밤새 울다 떠난 첫사랑인 듯 다가온다

그리는 사람이 있는 여인의 향기는 더 아름답다던데 이 여인들 어디 감추어 둔 그리운 사람 생각하고 있는 것은 아닐지 여인들이 지닌 고운 자태가 흘러가는 구름처럼 아름답게 느껴 온다 벽화 속 두 여인이 아니더라도

그리운 사람을 그리워하며
살가운 정을 흠뻑 담아
청국장 끓여 놓고 기다리는

일상의 생활에서 우러나오는
그런 여인의 향기로움이
꽃보다
노을 속을 나는 새보다
더 멀리 날아가지 않을까

여인의 향기 속으로 가고 있는 나

꽃처럼
노을 속을 나는 새처럼
여인의 향기가 더 아름다워져
마음속 깊숙이 배어 들 때

바야흐로 사랑을 하게 되겠지
그 여인을

이슬

이슬이 그냥 물방울이어서
눈물에 빗대는 것이 아니라는 걸
새벽 강변 달빛 스민 풀잎 위 이슬에서 알았다
삶의 영욕을 고스란히 갈무리한 듯

커다란 이슬방울이
보석같이 영롱한 아침 풍경으로 환생해
낮은 하늘 굽은 신 잘록한 강을 품고 있는 것을
언제 누가 보았기에 눈물에 비유하게 되었을까

살아 온 세월이 만만찮아서인지
유독 크게 보이던 그건 내 이슬이 아니었는지
이슬이 뉘 맺힌 눈물방울이라면
우리 사는 세상 이슬도 사람 수만큼일 것이다
하루를 한평생처럼 살다 사멸하고
다시 태어나고 하면서

삶의 흔적 묻으러

바람으로 가다 다행히도 길을 끊어트려
계룡산기슭 전설 얽힌 바위라도 닮을까 싶어
찾아 나선 해거름 동학사

사각사각 눈발처럼 흩날리던 벚꽃 이파리가
엉성궂은 맘속에 툭툭 박혀 집착과 번뇌를 내쳐버리고
독경 소리 돌돌 돌
숨죽여 굴러가는 냇물처럼 온몸을 적셔오는데

천년 묵은 그림자에 짧은 삶 흔적 묻는다는 것
터무니없어 영혼만이라도 달래 보려 하지만
지난 아픔 내려놓고 상처는 안은 채 돌아선다

밤마실 가는 햇살을 가르는 청량사지 두 석탑
그 사이로 구름에 붙들려 덧없이 흘러가는 상념은

알고 있었는지
찰나 세월 속에 남은 긴 염원 담겨질 수 없음을
짊어진 삶의 무게가 되레 더 무거워져 가는 것도

이별 후

수평선처럼 멀어져 간 가슴속 여문 갈등은
다 탄 장작불인듯 사그라지고
파도 위로 얼보이는
낯익은 얼굴 하나 눈에 어려 서럽다

아직껏 해변을 뜨지 못한 애틋한 사연들
때찔레로 피어나 새치름한 눈맵시로 맴돌며
이토록 오래 옛 얘기로 남아
모래톱에 지는 땅거미 따라 내려앉을 줄은

그제야 알았다
사무치는 그리움의 환생이 추억이라는 것을

2부

허공에 쓰는 편지

꽃반지

상앗빛 꽃반지를 손가락에 끼워 준다
어릴 적 추억 어린 토끼풀로 만든 반지
여느 사람들 결혼 예물 받을 때처럼
보름달같이 환하게 달아오른 아내
지금껏 생일 선물 하나 변변치 못했지만
그래도 함박웃음 지으며 말한다
나더러 낭만 고양이라고
쉬 망가질 꽃반지를 보고 또 만져 보며

여정

개울은 늘 재잘거려 목이 마르다
이리저리 스치며 나그네로 구르다
뿌리 굳어진 징검돌과 맞닥뜨리면
이끼 밑 속살 어루만지며
낯선 맛의 물 하나 가득 들이켠다
순결이 묻히는 망상의 찰나

살갑게 스미며 온몸이 짜릿한 건
말라버린 동냥자루의 허기 탓일까
징검다리 사이로 소용돌이쳐 흐트러진
매무새 다잡고 갈앉은 호흡으로
아무 일 없었던 듯 살래살래 흔들며
한달음에 강으로 안겨들지만
놀을 품었던 강은 파랑이 일던
개울의 지난 여로를 캐묻질 못한다

몽산포

포구 가득 요동 치던 언어들 간 곳 없고
파도 소리만 남아 귓바퀴를 적시고 있다
마주보면 괴로웠고 돌아서니 그리워
까맣게 밀물되어 몰려들며 가슴 때리는 슬픔
바위에 부딪친 바람같은 아픔만 남겨 놓고
만남이 운명이라던 원점으로 돌아가는 길

찰랑대는 노을에 밀려 멀게 가 버린 수평선
별을 튀기듯 금빛으로 술렁거리는 바다
낯익은 모두가 삶이 토해내는 상처로 스미어
누르스레한 핏빛으로 물들어 간다

먼동처럼 어둠 걷어 내고
새벽을 열며 먼 바다로 달려가는
꽃게잡이 어선의 나부끼는 깃발처럼
마음 깊은 곳에 맴돌던 미련도
산산이 부서져 날아올라 스러지면서
또 다른 병 깊어진 방황의 끝을 물고

가시덤불 같은 번민을 잉태하고 있는 건

멀어져 가는 추억의 아쉬움 때문일까

흐린 동공 속으로
훌쩍 작아진 몽산포 바다가 뒹굴고 있다
사랑이 머물다 간 자리가 이토록 클 줄이야

능소화

하룻밤 성은으로 꽃이 된 소화
무수리들의 시샘을 견디다 못해
이승을 떠나 슬픈 전설 속에 묻혀 살면서
몸놀림이 시선을 타는 것은
타고난 미모를 감출 수 없어
한여름에 걸친 것 없이
담장을 넘는 꽃으로 환생한 것은 아닌지
전생에 얻은 상사병은 슬픔이지만
그 슬픔으로 촉촉이 온몸 적시며
피어오른 네 모습이
황적색의 능소화가 아니겠는가
오늘밤 꿈길에서 넌 또 망울을 터트리겠지
울기도 하고 웃어 보기도 하면서

애모

보고 싶을 때에는
노을빛 물든 바다 위에
얼굴 그려보면 되지만

그리움으로 밀려와
빈 마음 가득 채울 땐
가슴 타는 추억 떠올라

눈시울을 적실 수밖에

가을과 걷고 싶어

강변엔 가랑잎 바스락거리고
나루터 버들가지도 잎새를 떨군다
흘러가는 강물은 바다로 가겠지만
갈잎만치 가벼워져 세월 따라
떠가는 내 삶은 어디로 갈 것인지

들국화가 내뿜는 농익은 신음소리가
향기되어 다가온다 삶이 깊어 갈수록
그 향기를 멀리하고 싶은 것은
혼자만의 욕심일까

스쳐 간 사랑의 온기라도 느낄 수 있게
나만의 낯익은 가을과 만나고 싶다
그리움이 남겨진 추억 속으로 돌아가
쓸쓸하지 않게 이 가을 벗삼아 걸으며
가슴속 아물지 않은 지나간 가을의
이슬 맺힌 사연을 들어보고 싶다

해질녘 강변에서 새삼스레 보이는
기다랗게 드리워진 내 그림자
짧지 않은 삶의 여정을 담고 있음인지

약삭빠른 구름은 바람을 앞서 가는데
바람을 등지고 떠밀려 가고 있는 나
가을아, 네가 나라면 넌 어찌 하려는지
덤덤한 세월 속에 빈 들판 남아 있는데

끝맺지 못할 시

내 마음속엔 끝내지 못한 시가 있다
마저 쓰려고 하면 떠오르는 어머니 얼굴
어머니의 자그마한 눈에는
늘 황금빛으로 물든 넓은 바다가 있고
바다는 배경 그림이 되어
그 위에 미완성의 시와 함께
지난 시절 엄마의 모습이 아른거린다

등교 때마다 대문 밖을 지켜 주시던 모습
도시락에 사랑을 한 아름 담아주고
그도 모자라는 듯 내가 멀어질 때까지
어서 가라 손짓하며 발을 떼지 못하던 엄마
난 세월이 한참이나 지나고서야 알았다
바다 속 깊이 숨어 살던 어머니 마음을

오늘도 기어이 써내려던 마지막 줄에는
글은 없고 젖은 흔적만 방울방울 남아있다

걸어서 풍경 속으로

같이 길 떠날 사람을 찾습니다
가을이라는 이름을 가진 여인이면 더 좋습니다

나와 함께 길에 올라
서래섬 수양버들 하늘대는 호수 가에 앉아
가랑잎 굴러가는 소리 들을 수 있으면 됩니다

토왕성 폭포가 바라다 보이는 골짜기 홀로 선
황철나무의 속내를 알아 볼 수 있으면 됩니다

금강굴 오르다 부끄럼 많이 탄 단풍잎 하나
일기장 첫 페이지에 간직 할 수 있으면 됩니다

하늬바람 스치는 연꽃골 산사 이색음악회에서
바흐의 G선상의 아리아를 들을 수 있으면 됩니다

환상과 낭만이 어우러진 금선계곡을 따라
단풍나무가 펼쳐 놓은 비단결 오색 이불에 꿈을

수놓을 수 있는 사람이면 됩니다

훗날 이 추억 그리워 질 땐 새도록 밤하늘 별을
헤며 맺힌 이슬 어루만져 줄 수 있으면 됩니다

혹 다시 만날 수 있다면 지난 둘의 만남을
기억 속에서 꺼내어 마음속에 그린 그림 한 장을
지니고 올 수 있으면 더할 나위 없겠습니다

동행자를 찾습니다
가을이라는 이름을 가진 여인이면 더 좋습니다

짧은 선택 긴 오류

황색 바람이 불어 오면서부터
기적이 지나간 한강에는
주인 잃은 별이 보이고 빛을 앗긴 달도 보인다
구름은 멈춰 맴돌고 있다
다리 아래 강물에는 온 길 되돌아
두고온 미련 찾아 볼 겨를 가져보지도 못하고
난간에서 맨발로 떠난 영혼만 서럽다 허우적거린다

노랗다 더해 붉어진 이정표에 골병 든 한 많은 세월
그 속에서 낯선 사람들 웅성거리며
자기 일인 듯 슬퍼하고 있다
서성이던 흰 그림자 사라진 다리에 또 언젠가는
물기에 목말라 지친 나그네 찾아와 헌 신 벗어놓고
강물 밑 빈움막 차지해 달빛 끌어다 근조등 밝히고
이승에 남은 한 얼마나 쏟아내려는지

뽕밭

방금 전까지
순이가 김을 매던 밭두렁 위로
고추잠자리, 둘

허리 힘껏 꼬부려 뺄쭣게 타오르더니

쇠스랑 팽개쳐진 채 돌쇠도 없다

가을 애상

하늘가로 다가 선 숨 찬 가슴속에
오는 모습 모르게 살그미 와 있는 너

푸른 꿈 부풀어 오르던 산야에는
명절 맞이하는 악동들처럼
고운 색동옷 입혀놓고
가는 세월 붙잡아 한잔치 벌이더니

어느새 무르익은 오곡 백과
들판에 늘어놓은 채
석양의 열정에 타버린 낙엽 되어
떠나는 너

온갖 유혹과 번뇌 떨쳐 버리고
온 길 되돌아 가는 쓸쓸한 뒷모습

황혼으로 나래짓하는 삶의 여로를
보는 것 같아 갈잎 같은 육신으로

막아 서 보지만 어깨 너머로 소슬바람
지나치듯 그림자 길게 늘이며 가버린 너

맘속 가을은 아직 머물러 있는데

행복

사랑이 만들어지기까지는
순간순간의 행복이라면
이별에서 얻은 내면의 상처를
지니고 가는 것은 한참의 불행일까

끝내 잊혀지지 않는 헤어짐
그것은 아픔이지만
아픔도 사랑의 과정이기에
예기치 못한 순간 찾아든
그때 그 사랑처럼
속을 달래가며 살다 보면 알게 될 걸까
만남도 이별도 다 사랑이었다는 것을

더 먼 훗날 가서는

사랑하기 때문에 헤어진다는 말을
그 아픔까지도 행복이었다는 것을
참으로 알게 될 걸까

허공에 쓰는 편지

지나간 시간도 풀벌레처럼 울던
네 그림자 끌고 가지 못하고
양주골 들녘 소슬바람도 모르게
살그니 주고받던 가을사랑은
지금도 덩그러니 남았다
어느덧 톡톡 터지는
밤나무 몸 푸는 소리에
가슴속 달아오르고
흘러간 추억이 일렁인다
얼핏 귀에 익은
발걸음 소리 같아 돌아보니
마음만 적셔놓고 달아나는
낙엽일 뿐
가을볕 잠든 언덕배기에서
달빛으로 쓴 이 편지 닿는 날이면
새벽 이슬 들여다 보이듯
영글어 가던 사랑 깊이 만큼의
네 모습 볼 수 있겠지

할미꽃

세상살이 힘들어 짧게 살려고
할미로 태어나 할미로 죽는가
탈레반 같은 황색 바람에 고달픈 삶
요즘같이 구차한 세상이고 보면
일찌감치 할미꽃으로 태어난 너
그 지혜가 부럽다
세상 달라진 것 같이 떠들석 해도
오늘도 시정 한복판에서는
주었니 받지 않았느니 시끄러운데
곧게 사는 것이 되레 부끄러워
보여도 좋을 얼굴 한 번 제대로
치켜들지 못한 너
어느덧 온 길로 되돌아 갈
다사多思한 무덤 위에 홀로 선 모습
흡사 죄인 같구나

간이역

오늘처럼 까치 우는 날이면 멀리 네 모습 아른대는
지평선 같은 철길에서 품을 웅크리고 널 기다린다
누구의 기다림 있는지도 모르면서 시간 따라
미끄러져 오는 열차처럼 너 없는 동안 세월이 만들어
놓은 내 마음속 기찻길로 달려올 것만 같아 기다림에
벌써 날이 저문 지도 모른다 꿈길에서나마 널 만날 수만
있다면 너 떠난 후 비어있는 가슴 한구석에 만들어
놓은 간이역에서 영원히 네가 머물 수 있도록 출발
신호를 보내야 할 깃발을 잃어버린 역무원으로 지내고
싶다 언제나 간이역엔 지나치는 차창에 얼굴 비춰 보듯
순간적으로 스쳐가는 그리움만 쌓이는 줄 알면서도
너를 만날 때까지는 헤어지던 날부터 뜯어내지 못한
먼지 앉은 일력과 불기 없는 난로만 남겨진 내 슬픈
가슴속 간이역을 홀로 지켜가는 역무원으로 살고 싶다

이별도 사랑처럼

때로
이별이 사랑처럼
아름다운 것은
놓아주는 편이

더한
사랑일 수 있기 때문에

눈 내리던 밤이면

눈 내리던 밤이면
숯불이 벌겋게 타오르던 화로가 있었다
할머니를 졸라 듣던 옛날 얘기가 있었다
화로에 고구마라도 구워 먹는 날이면
할머니 얘기는 더 재미 있었다
이것이 어린 날의 정겨웠던
눈 오는 날 밤의 아스라한 기억이다
언제부턴가 숨소리 죽여 가며 듣던
무섭던 호랑이 얘기는 간 데 없고
시끄러운 세상 소리가 귓전을 때리며
손을 호호 불며 구워 먹던 고구마는
그 시절 즐거움 느껴 볼 수 없는
동네 어귀 수레 위 군고구마가 되었다
시린 손발 녹여 주던 화롯불
그 곁을 지키며 동심을 길러 주던
손등 깊게 패인 할머니
들려주다 남겨 놓은 얘기는 무엇 이길래
아직도

여운이 그득한 풍경으로 마음속 파고들어
추억이란 이름으로 맴돌고 있는지

고향

보이는 것이라곤
아무리 둘러 보아도
눈에 익은 것 하나도 없다

다만 머리 속에나 있는 옛 풍경과
코에 익은 훈훈한 바람 내음이
온몸을 감싸 돌 뿐이다

들리는 것이라곤
이러, 우어우어 소리 대신
귓전으로 날아드는
받아 쥔 보상가격이 얼마였다는 것

고향은 되레 낯설어 지고
타향이 낯익어 가는 세상

낯을 익혀 타향을 고향으로
살다 보면 이따금 떠오르는

어릴 적 고향 모습

떠도는 구름 한쪽 보며 삭인다
너도 나처럼 그러면서

철새

이 겨울 창가에 서서
눈발이 날려 흩어지는 것을 보고
봄날에 떠난 쇠기러기같은
사람들을 생각한다
기별없이 들이닥친 세파를 타고
바람개비로 떠돌다
내가 늪 되어 갯바닥에 둥지 틀 때
언 갯밭에 모여 허기를 채우며
훈기라도 주더니
모르는 사이 철새 되어 떠난
얼굴없는 차디찬 가슴의 사람들
더 채워줄 수 없음을 먼저 안 그들
내 속에 흘린 따뜻한 눈물로
가는 길 쌓인 눈 녹여주며
지난날의 천수만을 떠올린다
얼어붙은 설움마저도 앗긴
가슴속 텅 빈 늪만 내리치고 있다

끼리끼리

생각이 같고 재주가 어섯비슷한
사람이 모여 한 방향으로 나아가면
얼핏 잘 어울린다고 할 수 있겠지만

그보다는 다른 생각과 재능을 지닌
사람이 모여 서로가 조화를 이룰 때
가장 좋은 어울림이 된다

일심동체란 본디 서로 다름을
전제로 해서 생겨난 말 아닐까

산과 물 나무와 사람이 잘 어울려야
풍경이 되는 것처럼

개울이 바다와 만나 물끼리라고
호박꽃과 개나리만 모여
같은 꽃끼리라고 이를 두고
잘 어울린다고 말할 수는 있겠는지

제3부
노을의 모습으로

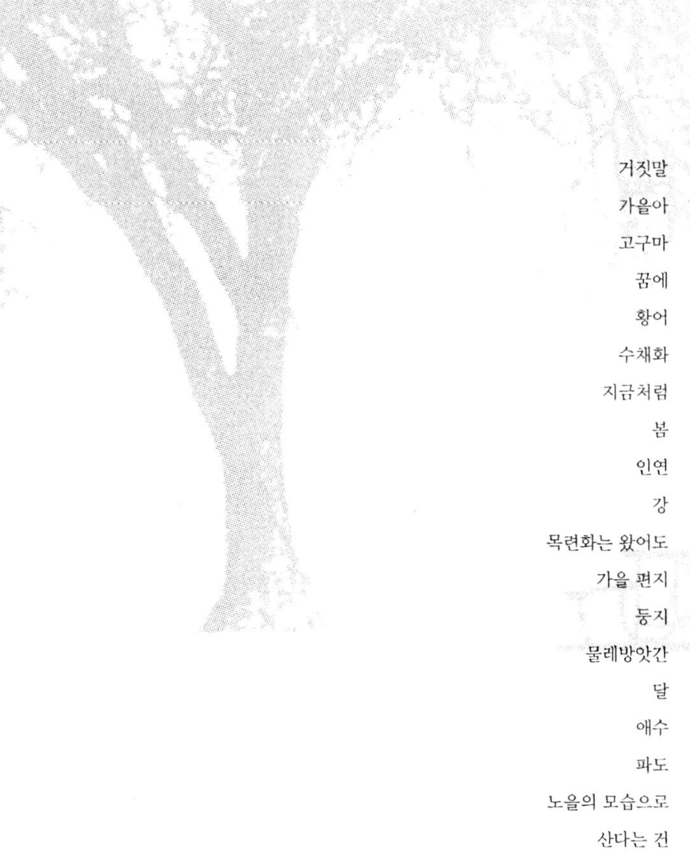

거짓말

내 속에 피는 너
꿈같이 피었다 지는 건 번개같아
뜰 앞 꽃 피어날 때처럼
내 찬찬히 널 볼 수 없을까

한순간이나마 네 환영幻影을 쫓는 나를
새로 돋는 이파리처럼
바르르 떨리게 하는 건

훌쩍거리며 '잊겠다' 고 했던 네 말
할 때부터 네가 너를 속이고 있었기 때문

영영 잊지도 못하면서
품안 벅차게 안고 가지 말고
둘 사이 둑 되기 전에 그만 놓아주어라
그렇듯 착한 거짓말을

가을아

언제나 그렇듯이
추억으로 다가와 그리움으로 가는 너
올 때는 넌지시 빈손으로 와 갈 때는
무엇으로 많은 것 남기고 가는지
가을아 네가 입은 오색 저고리
사람사람들은 아름답다 하지만
하지만 먼발치에서 본
너의 그윽한 자태에 닿기도 전
단풍이란 별명의 유혹에
곁눈질로 가던 길 멈칫거리다
달려가 손 내밀어 보지만
벌써 가고 없는 너
화려하던 모습도 찰나일 뿐
멀리서도 또렷이 보이던
너의 눈짓만 그리움으로 남아
달빛에 묻혀 추억 속으로 쌓여가는
잠든 낙엽에 누워
널 느끼려 꿈꾸고 있는 걸
가을아 너는 아는지

고구마

호박보다 큰 고령리 외갓집 고구마는
고구마밭을 오가며 판 할머니 발품

고구마에도 귀가 있나 보다

보는 사람 있든 없든 할머니는
올해도 땡볕에서 삶의 교훈을 만든다

꿈에

잠들면 어쩌다 가끔씩
가슴 에이는 듯한 슬픈 모습으로 찾아 들어
갈앉은 추억 속에 싹쓸바람 일으키고
뜨거운 몸짓으로 날 헤집고 달아나는 너
선뜻 깨어나면 눈 아래서 출렁이다
스러지는 차디찬 썰물
보고파 널 되새기며 온밤을 적시고 있는 건
다시는 되돌릴 수 없는 지난날
꿈 밭 두렁을 헤매던 풍경이 스쳐 지나가다
속잎 돋던 들판 저 끝에 거꾸로 매달려 있음일까

황어

4월 하순쯤 양양군 남대천에 가면 폭포수처럼 내리쏟는 수중보를 거슬러 뛰어오르는 만삭의 황어를 볼 수 있다
모진 고통을 감내하며 산란지로 향하는 어미는 무슨 생각으로 죽음을 각오하고 그토록 고통스런 길을 거슬러 오르는 건지
이십센티미터도 안돼 보이는 작은 덩치에서 나오는 힘의 원천은 뭣일까
주변을 돌아 본다 변한 세태 때문이라지만
맞벌이와 생활고 명분에 밀려 점심은 놀이방이나 학교 급식으로 때우면 되지만 거의 방목과 다름없는 아이들
늘어 커 갈수록 엄마와 얼굴 마주 보며 얘기하는 아이들 적어져 간다는 세상
엄마들이 그 힘을 점차 잃어 가고 있다 보릿고개 넘기며 어렵사리 살면서도 강했던 옛 엄마들의 힘 혹 지금은 없어진 정다운 얘기가 듬뿍 담긴 가끔씩은 김치 국물도 새어 나오던 노란색 양은 도시락 때문은 아니었을까
황어는 산란 후 부화되는 새끼를 위해 죽어가며 제 몸을 먹이로 남기지나 않는지
연어처럼

수채화

한 폭의 수채화를 그려놓고
얻은 것 모두
그 풍경 속에 묻고 간다
가을이
부슬부슬 내리는 허물만 남긴 채

비우는 건
아픔이 아니라는 걸
발라낼수록
심상이 맑고 가벼워진다는 걸
보란 듯 허물은 바스락거리지만

늦가을쯤 덧나는 가슴속 상처는
영영 버리지도 못할 그리움인 걸
나에게는

지금처럼

어쩌다 가끔씩 가슴 뎁히며 찾아드는
옛사랑을 떠올리며
거친 숨소리 같은 음악 속으로 젖어드는 건

꽃망울 터지듯 뜨거운 몸짓으로
느끼던 추억을 잃은 허전함 때문일까
네 안에 잉태되지 않은 내 꿈의 환상 때문일까

아니면 멈춰 선 시간이 그려 내는
아픔 속 그리움 때문일까

지금처럼

봄

그대를 어찌 봄이라 아니 할 수 있겠는가
그대 따사한 어루만짐에
산수유나무가 꽃피우고
그대 품속을 흐르는 영롱한 개울 소리가
영혼을 일깨우며

하늘거리는 아지랑이로 꿈을 키워 내는데
그토록 싱그러운 그대를
어찌 봄이라 하지 않겠는가

굳은 표정의 들과 언 강을 부둥켜안고
산을 휘돌아 겨우내 앓았던 상처 어루만져
제 모습 되찾아 주며
산천과 초목 그리고 모르는 사이에
조금씩조금씩 내 마음까지도 물들이는
연두색 눈빛을 타고난 그대

볼수록 새로운 그대를

맘속 깊이 간직될
단 하나밖에 없는 새봄이라 불러주고 싶다

인연

네가 내 가득했던 뜰을 훑고 간 다음
난 내가 거기 있었음을 알게 되었네

네가 떠난 마음 한구석을
꽃 진 대궁이가 산울처럼 둘러싼 후

눈물 박힌 정은
태어난 자리로 흘러간다고 해

방황 끝내려 찾아간 그 강가에 앉아
이승에서 맺은 인연 속에 묻혔던
세월도 삶의 맛도 씻어버리려 했지만

내 가슴으로 차 오르듯 흐르는
노란빛 꽃잎 한 장 섧게 맴도는 강물에는

표정이 낯설지 않는 얼굴 하나 떠올라
나는 그냥 돌아서고 말았네

강

귀뚜리가 울어대는 늦가을

내가 그리워 하는데
나를 두고 그리움만 건너간다

이고 갈 구름 한 점 없어도
내 그리움 어느새 강 건너
달빛 마을에 내려앉아
나를 바라다보며 나보다 더
슬프게 달빛에 젖어 있다

올 겨울엔 살얼음이라도 잡힐는지

내 속에 그려지는 강 건너 네 모습
무게로 쌓이기 전에

목련화는 왔어도

며칠 전 마을 어귀에서
꽃샘 바람에 떨고 있는 두견화 보았는데
어제는 가슴살에 봉곳 솟은 망울 옴켜잡고
아파하는 너를 보고 네가 온 줄 알았지

지난해 너 떠날때 청을 넣었지
산자락 개울가에서 꽃잎 나불대듯 울던
파랑새의 꿈을 살짝 숨겨 오라고

그래도 염치는 아는 모양이구나
어둠을 타고 와 하얗게 웃고 있는 걸 보니
겸연쩍은 빈 손으로

마냥 뜬눈으로 그리던 네가 모습만 가인으로
기약은 버리고 와 아직 꿈을 심지 못한
내 뜰엔 불여귀 닮은 망상만 가득하구나

가을 편지

가랑잎 뒹구는 길을 걷다가도
달빛 창가에 앉아 있어도
마냥 삶에 밀려 느끼지 못하고 지나칠 뿐
가을엔 아무라도 애수 어린 편지를 받는다
별빛이 차고 풀벌레 울 때쯤 뒤늦게 날아든

가을이 낙엽으로 흘려서 쓴 편지는
새도록 읽다 가슴속으로 묻히고 말아
갓 베인 상처처럼 아리다

둥지

이토록 긴 세월을 내 곁에 남아
맴돌고 있을 줄은 알지 못했습니다
흘러가는 구름처럼 잠시 떠돌다
가는 것이 사랑인 줄 알았습니다

내 깊은 곳에 둥지를 틀고
숨어 살게 될 줄도 미처 몰랐습니다
인제 와서는
잊을 수 없는 추억으로 다가와
눈시울 적시는 그리움이 되었습니다

물레방앗간

그믐달 새치름한데
간식거리 구하러 나왔는지
방앗간 문틈에서 귀가 쫑긋해 있다
방아가 돌리는 물 소린지
거친 숨 소린지
대가리 들이밀다
장작불 타는 듯한 뜨거움에
눈치 빠른 새앙쥐
잽싸게 줄행랑 친다

달

계수나무 한 나무 토끼 한 마리
살고 있다는 곳 그렇게도 그리던
정말 그 풍경 같은 나라로 갔을까
달빛 좇아 널 찾아가며
밤새워 집도 짓고
꽃밭도 가꾸고 초롱불도 매달았다

날 새면 다 허물어져
다음날 다시 짓다 어느 한 날
달맞이꽃 몸뚱어리 비틀며
밤새 산고를 겪던 황혼 닮은 새벽
먼동이 트고 나서야 알았다

그곳엔
내 체온 기억해 줄 사랑이 없었고
하나된 그림자 숨겨 주던
비스듬한 전봇대도 뵈지 않았다
그저 구름같이 흘러가다

바람처럼 흔들리다
스치는 곳일 뿐이라는 걸

날개만 있고 분수 없이는
새처럼 날아오르려다 다들 맥없이
뿔뿔이 떨어져 나갔다는 것을

애수

가을이 빈 주머니 보다 서글프다
생각은 깊어지고 짙어진 산그늘엔
해 거른 메아리 침묵으로 스며든다
새털구름 점점이 멀리 나앉은 하늘
놀빛을 부리로 쪼며 나는 기러기
날갯짓은 하얗게 때로는
검붉은색으로 번쩍거려 보이지만
적막이 뒤따르며 같이 날고 있다
들판의 모든 생명들은
야윈 빛으로 하늘 향해 기도하고
남은 세상살이 만큼이나
가을은 짧아져 가는데
모르는 사이 늘어만 가는 건

씨강냉이 주렁주렁 매달린
처마 밑 오래된 그림자
안으로만 사그라지는 턱없는 근심
손등에 잡힌 밭이랑 닮은 주름살도

파도

금방 산이라도 삼킬 듯 밀려드는 파도
발목만 적셔 놓고 슬그미 뒷걸음질치는 것은
파도가 재앙이 똬리를 틀고 있는 오만을 버린 때문이리라
파도는 아집이 없다 바위의 아픔을 알면 밀려날 줄도 안다
스스로가 산산이 부서져 그 아픔을 홀로 삭이기도 한다
벌겋게 달아오른 해가 도도하기만 하고 진종일 발 품 팔며
어두운 곳까지 찾아 주는 포용이 없다면
모든 것들의 상처는 짓물러 그 아픔이 파편처럼 널리
흩어지지 않을까
한 시대를 열어 갈 사람이라면
권위 뿐만 아니고 독선까지도 내던져 어제는 파도처럼
오늘은 해처럼 살 줄도 알아야

노을의 모습으로

그리움은 하나같이 꿈길을 더듬고 와
온종일 못내 그립던 숨겨 온 누군가를
옅은 구름 뒤에 숨은 별 바라보듯 만난다

달처럼 서서히 커지면서 물안개에
가리어진 노을의 모습으로 다가오면
스쳐가는 소리라도 쫓을까
마치 어둠 속에서 집 나간 어미를
기다리는 어린아이같이 숨을 죽인다

순간보다 더 짧은 순간
타오르던 인연을 보드랍게 적셔 놓고
그믐으로 가는 보름달 닮아

마냥 사그라져 가는데
뜨음하던 산솔새의 휘파람소리
어느새 어둑새벽의 적막을 깨트리고 있다

산다는 건

수렁 같은 세파를 만나서일까
쉽게 죄악에 물드는 세태에 마음 졸여서일까
꿈 속에서 헤어나지 못 할 때처럼
덜컹 겁이 나는 것으로 살아 있다는 걸
되느끼는 순간, 부딪치는 반사적 절박감
돌아서 누워 봐도
까맣게 텅 빈 정적만이 엄습할 뿐
답을 얻을 수 없다
그래서 어렵사리 살다 보면
간혹 삶이 죄악으로 간 것을 보게 되는 걸까

그리움 속에는

붉게 물든 노을 속에서
추억을 태우며
멈춰 선 어릴 적 네 몸짓

눈가에 스민 이슬 속에 묻혀 버리고
추녀 끝 대롱거리는 풍경처럼
흔들리는 초승달이 누에고치 짓듯
옷섶 적시며 뽑아 내는
분홍 실 푸른 실 엮어서 수를 놓는다

웃자란 보리밭에 숨은
그리움 속 흔적 따라
바늘 땀 곱게 놓아가다

유난스레 반짝이는 별 하나
나 하나에 내 얼굴을 새긴다
네가 되어 버린 초승달
난 눈 큰 별이 되리니

제4부
눈 감은 별

삶의 소묘素描

우리 사는 세상은 풍경으로 뒤덮여 있다
너 나 할 것없이 모르게
우린 모두 세상 속 풍경이 된다

꽉 찬 것 같아 보이지만
제 나름의 몫으로 타고난 여백이 있어
누구누구나 종신토록 삶의 역정歷程을 그리며 산다

나도 얼마 남지 않은 여백 한 쪽을 차지해
서서히 부스러기 된 꿈을 쓸어 모은다
쪽빛 바다와 연두색 별이 아우르던 설렘의 세상엔

석화石火 같이 스쳐간 세월이 건네는 여운밖에 없지만
영혼을 지탱시켜 주던 꿈 버릴 수 없어
남은 여백에 못다 한 꿈도 함께 그려져
처절하지 않은 풍경으로 오롯이 남겨지고 싶다

삶은 나를 떠날지라도

가을 단상

왜,가을은 소리도 없이 오는 것일까
가을이 저물었어야 눈 안에 들어온다
느껴지는 것도 무디어져
속까지 누렇게 타버린 잎새
묻힐 곳 찾아 몸 한껏 줄여 구르는 것 보고서야
이제, 겨우 가을인가 싶었는데
서릿발이 고개를 디밀고 있다
갈수록 가을은 조금씩 닳아 없어지는 붓끝을 닮아간다
가을이 떠나며 만들어낸 언어들
가랑잎 밟을때 묻어나는 소리
낙엽 타 들어가는 소리
서정적이고 따뜻하지만
가는 가을이 만들어내는 표정들
식어가는 놀처럼 차가워 보이면서도 정겹다
진즉 오는 가을을 읽을 수 있었더라면
잦아들던 사색

바람

허공을 파고들며 흘러가지 않아도
바람이라 이름하였을까
사람이 세상살이로 떠돌지 않으면
인생 유전이라는 말이 있었을까

바람도 사람도 흘러가며 산다
떠돌다 흘러가야 세상 풍경이 된다

때로는 구름에 떼밀려 가는듯 보이는
보름달처럼
때로는 흔들거리며 소란스런 강물 속
잠잠한 그림자같이
속정俗情을 버리고 초야에 묻혀 살다

다 털어내고 비워놓고 바람과 함께

사람도 꽃처럼

꽃은 아름답다고 한다
어찌 꽃에도 미운 꽃이 없겠는가, 단지
꽃이라는 이름으로 불려지기만 해도
미움이 없어지고 아름다움만 보인다
꽃만이 아니다
사람이라는 이름만으로도
꽃처럼 아름다워 지려면
꽃에 걸맞은 향기와 언어가 있어야 한다
사람이 뿜어내는 향기와 언어는
마음에서 우러나온다
꽃이 갖지 못한 마음을 지녀야 하고
꽃 닮은 몸짓을 할 때 비로소
사람도 꽃이 된다

꽃에서는 얻어 볼 수 없는
언어가 낳는 행동거지가 감동을 만들면
사람은 더없는 꽃이 된다

빗물

비 내리는 길 혼자서 걸어가면
멀리 나앉았던 그리움
왜, 피어 오를까

마치 씨앗이라도 뿌려 둔 것처럼
떡잎으로 자라나
가슴을 아픔으로 파 헤친다
빗속에서 헤어진 사랑이

맘 적시며 빗물처럼 스미는 것은
그땐 미처 몰랐던 연정이
오롯한 떨림으로 남은 탓일까

비 온 뒤
마구 솟는 죽순처럼
더 굳어진다는 땅 같이
사랑도 빗속에서 움트며
단단해 진다는 것을 잊은 채
그땐 설렘만이 전부인 줄 알았다

고독

그냥 쓸쓸해서가 아니다
산머리를 덮어 씌운 놀을 보아도
스러져가는 보름달이 들창에 비추어도
정겨운 풍경으로 느껴지지 못하고

달빛에 잠겨 들며
찬 바람에 시려 여민 옷깃을 움켜쥐고
갈 곳 몰라 방랑하고
마음속 이는 몸부림에
바싹 말라 굴러가는 가랑잎만 보아도
덜컹 내려앉는 가슴 짓누르는 무거움

마치 큰바위 같은 무게로 다가오는 아픔
꽤 오랜 세월을 뒤쫓다 알았다
그토록 설운 아픔의 시작이 고독이란 걸

은행나무

동네 길 모퉁이 지키고 선
은행나무
이 가을에도 텁북숭이
은행 조랑조랑 매달렸다 서로
마주보고 두런두런 하더니
암수딴그루도 열매 맺는데
늘 눈만 뜨면 마주하는 우리네
마음속에서는 넉넉하면서도
말문 열리지 않아 숨겨진 채
어찌 한줌의 너그러운 이해
한마디 포용의 언어는
그다지도 아껴지는 것일까
은행나무가 주고받는
그 진정한 사랑 언어를
사람이 들을 수만 있다면

꽃무릇石蒜花/相思花

소맷자락만 스쳐도 오백 겁 인연이라지만
그건 혹 연분이 닿을 것을 두고 한 말 아닐까
흔히 속세 말로 인연이 따로 있다고 하는 건
본디 나뉘어 있는 연이
맺어지기가 쉽지마는 않을 것이기 때문
인과 연의 만남이 그리도 수월스럽다면
가을 들머리에 댕기치레한 꽃무릇도 없었을 걸
누굴 연모하다 놓친 여인의 환생인가
마애불의 안쓰러운 눈빛에 마음 사려 가며
밟아 본 듯 절터를 휘돌아 붉게 물들인 꽃무릇
저물도록 되뇌는 하소는
거두지 못한 연을 그리는 상사곡일 텐데
어찌하여 내겐 절규로 사무쳐 다가오는 걸까
꽃 지면 잎 나고 잎 지면 꽃이 피는
죽어서도 연을 맺지 못하는 비운의 꽃무릇

낙엽에게

아득한 세상 떠돌아 다니다
헤진 몸으로 다가와

굴러 온 돌처럼 박혀 있는
내 안에 슬픔을 앗아 가지 마라

서리 앉은 눈망울에
내 그림자 가득 담고
뜨거운 눈빛으로 다가오지 마라
떡갈잎 그리는 네 꿈 서글퍼 보이듯

갈보리 뜬눈으로 타오르는 깊은 밤
돋아난 추억은 슬픔덩이지만
누구에도 앗길 수 없는 혼자서만
헤아리는 오롯한 고독인 것을

눈 감은 별

문득 밤하늘의 별을 찾아 나섰다
한 해가 다 저물도록 잊어버렸다가
갈바람에 가슴속 일렁일 때면
생각나는 별 하나
어릴 적 네별 내별 다투던 그 별
꾸중이라도 듣는 날
툇마루에 쪼그리고 앉아 눈 마주치면
순하디 순해 말이 없던 별
외양간 어린 소 눈망울같이
언제나 맑게 반짝이던 모습

살다 보니 알았다
반짝이던 것이 눈물 방울이었다는 걸
헤아릴 수 없이 많던 별이 없다
흐르는 세월에 별들도 눈을 감아 버렸다
늦은 밤까지 내 별도 보이지 않는다
가끔 풀벌레 울음 소리에 묻어 나는
고향 냄새에 더욱 보고 싶은

내 꿈을 품어 안고 크게 빛나던 별

그 별도 꿈도 다 잃어
이젠 가슴속에다 별도 꿈도 만들며 산다

살자 하고 또 살자 하고

오직 변하지 않는 것은
영원한 하늘이고 가없는 어머니 마음이다
가고 싶은 곳으로 가지 못한 먹구름의 심술로
때때로 하늘은 겉모습을 잿빛으로 보이지만
어머니 마음도 하늘 같아 변하지 않는다
무엇이 언짢아도 한결같은 모습만 보여 준다
영원한 하늘과 변치않는 어머니 마음이 있기에
사람들은 기쁘거나 슬플 때 하늘을 우러러 보고
기도를 하고 맹서도 하며
엄마 품에 안겨 웃기도 울먹이기도 한다
영원한 하늘 그리고 희생과 은덕이 전부인
끝나지 않는 어머니의 삶
사람들은 하늘과 어머니의 마음에서
영원을 보았기에 오늘도 가슴속에 하늘의 뜻과
어머니의 마음을 묻어 놓고 하늘처럼 살자 하고
어머니처럼 살자 하고

갈대밭

그믐달 어슴푸레 떠
바람 살랑이는 날이면
조용하던 갈대밭
숨이 거칠어지며 들썩 거린다
센 물살처럼 출렁이며 파고드는
어섯눈뜬 사람들 몸짓 감춰줄 요량인지
외마디 어둠의 언어를 잠재우려는지
온몸 부대끼며 아파하는 갈대
흐느끼는 소리가 어설피 들린다
무르익은 석류 속같이 달아올라
물기 촉촉한 갈숲을 뒤지며
넌지시 훔쳐보던 달빛 마저도
부끄럽게 달아올라
슬그니 엷은 구름 뒤로 숨어버린다

돌부리

돌부리를 차면 찬 사람 발부리가 아프다
살짝 스쳐만 가면
외려 돌이 아픈 듯 매끄럽게 비켜난다
그토록 강한 것이 부드러워질 수 있는 건
돌에도 감성과 분별이 있기 때문일까

동강 암벽에 솟아난 할미꽃처럼
바윗돌 틈새가 제 수명 다하도록
뿌리를 키워 내는 것은 돌에도 근본이 있어서일까
우리 사는 세상에는 어느 곳이든
사랑과 아픔이 어우러져 있고
강함과 부드러움이 늘 자리다툼 하고 있다

사람이 돌 같아야 하는 것은
근본을 키워 내지 못하면
오성悟性과 분변分辨이 없어 인간사가 얽히고 설켜
살만한 세상 사라질 때문이 아닐는지

사랑한다 말해 볼걸

겨우내 상처받은 몸 추슬러
한여름 뙤약볕에
먹일 것들 많은 발그스름한 젖 무덤 하나
부풀어 오른다

거무스레한 꽃 멍이 들기를 여러 군데
설익은 사랑에 휘둘리다 들어앉은 멍
못 잊어 찾아 들 갈바람 성화에

더 이상 참을 수 없었던 듯
한껏 불어난 가슴 풀어 헤치면
물기 촉촉한 검붉은 속살 사이로 배어 든
관능을 설레게 하는 새콤달콤 은밀한 맛
그 맛이 온몸을 절이던 날

사랑한다 말해 볼걸

석류 속처럼 알알이 박힌 인연

까발려 털어 내고 꿈결 같은 뜨거운 열정에
숨차 하며 입을 다물지 못하던

가을이면 그리도 서러운 여인에게

흔들리는 계절

어쩌다 하루 한객閑客이 되어 지는 해 옹긋옹긋한
공원에 앉아 만장輓章처럼 날리는 낙엽을 본다

나뭇가지는 흔들리며 제 몸 같은 미련 훌훌 털어 내지만
떨쳐 낼 고독조차 갈무리 못한 숨결 가벼워진 사람들

걷잡을 수 없이 눈앞이 흐려져 가슴속 멍만 깊어진다
방금 바람과 함께 떠난 낙엽 하나

앞섶을 적시는 건 남은 낙엽만이 아니다
사람도 낙엽만큼의 슬픔은 거두지만

상념도 없이 짧아진 해를 나그네 배웅하듯 스쳐 보내며
성깃한 이 계절 사위어 가는 석양에 설레면서
마음 흔들리는 것은 아닌지

창문 안에는 하늘이 있다*

창문 안에 하늘은 화사한 누각같아
넋을 앗긴 꿈들이 일그러진 맨발로 모여든다
함초롬히 떠있던 보기 드문 표정의
꿈 여럿을 하늘은 초승달에 꾹꾹 눌러 담아
샛노랗게 구워 낸다
뜨거운 체온 주고받으며 파닥이다
하늘에 박혀 누구에나 이름으로 불려지고
어느 것은 설익어 별똥별로 사라진다
세상이 구름으로 덮이던 안개가 깔리든 창문 밖
가로등은 삼신 할멈인 양 설렘으로 달아오른다
새도록 창문 안에 잉태할 하늘이
마치 제 운명이라도 되는 것처럼

* 박소영 화백의 그림 제목임

7월이 가면

다시 거닐어 보는 그리던 바닷가
파도는 내 가는 그리운 길로
고랫등처럼 밀려와
말라붙은 가슴 파헤치며 나뒹군다
허공을 향해 아우성으로 흩날리는
기억조차 먼 언어들도……

내 맘속 넓게 자리잡은
7월의 바다에
실낱같은 인연으로 매달려 출렁이는
추억의 잔상들

이제 7월이 가고 말면
풀씨 닮은 지난 사연들
타오르는 태양과 함께
뜨겁게 부풀며 솟아나겠지
빈 발자국만 남은 이 바닷가에서는

마음이 젖어야

향기를 타고 난 꽃일지라도
촉촉할 때라야 그윽하게 풍겨낸다
곳간에 쥐들이 수선스럽게 움직여도
임자의 마음이 젖어 있어야 온정이 난다
청류 계곡의 흐르는 물이 마르지 않아야
설레는 사람을 불러 모으듯
사람의 마음도 말라 머물지 않고
넘쳐흘러야 볕이 들고 그늘을 만든다
사람 냄새가 나는 볕과 그늘엔 사람이 찾아든다
찾아들었다 후에 그 마저도 젖어 흐르면
살만한 세상 넓어져 가는 것 아닐까

멀어져 가는 너

낙엽의 발길 따라 걷는
속마음 술렁이는 밤

멀어져 가는 기억 속을
덧없이 스쳐 가는 네 뒷모습이
아슴푸레해 눈시울이 뜨겁다

너와의 시간이 멈춰 서기 전
내게 보내 온 이름 석 자와
눈물 마른 흔적뿐인 엽서 한 장

추억을 더듬는 거리에 흘러내려
빈 발자국마다 고여드는
묻어 뒀던 그리움까지

벌써 다 잊은 줄 알았는데

너는

마지막 낙엽

낙엽은 늦가을 운명처럼 상처가 깊다
그 깊은 곳에 숨어든 사람들 발자국
낙엽은 멈춰 서고 사람들은
앞서거니 뒤서거니 가고 있다
뒤따르는 발자국이 주워담는 것은
상처투성이로 끝난 계절의 전리품
갈래갈래 해진 상처의 흔적을
마지막 낙엽이 지우고
길이 알고 있는 발자국의 행적도 덮어 준다
미처 생각지도 못한
사람이 가야 할 길을 낙엽은 가고 있다

■ 해설

시를 감상하면서

김원경
(문학박사 · 시인 · 서울교육대학교 교수)

석천 시인이 시집 『이별도 사랑처럼』을 냈다. 주옥같은 시 80편, 그 어느 것을 보아도 참신하고 수준급이다.

문학이란 언제나 '삶이란 무엇인가', '어떻게 사는 것이 삶의 진실인가'를 추구하고 탐색하며 그 중에서도 시는 그 삶 속에 영혼의 소리를 포개고 삶의 참, 삶의 빛을 운율의 시어로서 형상화하는 예술에 속한다. 예술은 미학을 생명으로 한다. 문학이 아무리 삶의 진실을 탐구 한다고 해도 문학은 철학이 아니고 사상서도 아니다. 따라서 문학 속에 지나치게 의지를 내세우거나 외침을 절규에 실어 생경生硬하게 나타내어서는 안 된다. 옛 사람들은 '시는 지야志也'라 하기도 했다. 그러나 시는 '지志'라도 '言 志'이고 언어의 그릇인 운율적 예술인 것이다.

석천은 이의 조화를 잘 꾀한 시들을 썼다. 특히 우리 나라 시들 중에서도 많은 서정시 속에는 삶에 대한 물기가 너무 짙어 탄성이 글의 전면에 앞서거나 그렇다고 현대주지주의적主知主義的인 시들 속에서처럼 언어의 기교에만 몰입한 나머지 삶의 심층적 심혼心魂이 결여된 메마른 시들도 있다.

석천은 삶에 부딪힌 절실한 심혼을 그 특유의 끈끈한 상상想像과 감정으로 이를 솜씨있게 버무려 운율의 그릇에 잘 담았다. 시는 아무리 짙은 삶의 절실한 가치라도 이를 상상화하고 정서화해서 표현의 다리를 건너야만 시가 된다.

노을같이 타오르던
아픈 상처 지우려 함일까

강물처럼 흘러가던
기다림의 세월
되찾을 수 없어서일까

이토록 흐르는 눈물은

—「사랑」

시란 읽는 사람에게 감동을 주어야 한다. 미적美的 정서화란 곧 감동의 순수화에 직결 된다. 잘된 시, 진실한 심혼心魂이 배어 있는 시는 끝없이 읽는 사람의 마음을 순수한 정서적 감동으로 순화하고 정화한다.

그래서 시란 삶 속에 파고든 '작자의 영혼'이란 말을 한다. 시혼詩魂은 우주에 파고들고 생명의 심장 속에 파고든다.

시혼은 철학 속을 더듬고 역사 속을 거슬러 오르며 대자연 속을 넘나든다. 이를 시인은 상상의 집착으로 체험화하고 관념화하여 가슴에 담고 머리에 담으며 정서화하고 형상화한다.

보고 싶을 때에는
노을빛 물든 바다 위에
얼굴 그려보면 되지만

그리움으로 밀려와
빈 마음 가득 채울 땐
가슴 타는 추억 떠올라
눈시울을 적실 수밖에

—「애모」

잘 형상화 된 시는 상상에 대한 영혼의 파장이 유연하여 그 생명의 소리에의 집착과 정열은 시간적으로 항구성을 갖게 되고 공간적으로 보편성을 갖게 된다. 시적 미학 속에는 설레게 하는 가슴, 설렘 속에 고여 솟는 서글픔, 그 물기가 필수적이다. 이것은 축축한 감정 덩어리가 곧 시라는 말은 아니다. 그러나 정서의 바닥에는 늘 페이소스의 물기가 배어 솟아야 한다. 축축하면서도 끈끈해야 한다. 아름다운 서정 속에는 늘 애련과 연민이 깃들여 있다.

이토록 긴 세월을 내 곁에 남아
맴돌고 있을 줄은 알지 못했습니다
흘러가는 구름처럼 잠시 떠돌다 가는 것이
사랑인 줄 알았습니다

—「둥지」 중에서

그리움은 하나 같이 꿈길을 더듬고 와
온종일 못내 그립던 숨겨 온 누군가를
옅은 구름 뒤에 숨은 별 바라보듯 만난다

달처럼 서서히 커지면서 물안개에
가리어진 노을의 모습으로 다가오면

스쳐 가는 소리라도 좇을까
마치 어둠 속에서 집 나간 어미를
기다리는 어린아이같이 숨을 죽인다
—「노을의 모습으로」 중에서

현대의 주지주의 시들은 문명과 지적知的, 역사의 진보에 보조를 맞추어 망막한 도시문명의 혼류混流를 내다보고 모든 것을 깨트려 보기를 일삼는다. 물체를 해체하여 그 용량을 3차원적 입방체로 분해하고 시간과 공간을 동존과 동시에 형상화 한다.

낡은 것과 새 것을 대립시켜 제재題材를 다루고 전통에 반항하며 철학관哲學觀에선 진화론적 실재관實在觀에 입각한다. 이것을 이른바 주지적 문학의 거점이라 한다. 특히 시적 형상화에 있어서는 문법적 구속에서 일탈逸脫한다.

석천의 시는 이러한 현대시가 갖는 병이라고 판단하는 20세기 현실과 위기라고 진단하는 관점을 잘 내면의 지적知的 프리즘 속에 여과시켜 반항과 분해를 참신한 감각 속에 승화시켜 잘 조화를 이루게 하였다.

시란 읊는 것만이 아니라 읽는 면도 있고, 소리를 듣는 것만이 아니라 눈으로 보기도 한다. 환영幻影이란 눈을 감고도 본다. 감정이란 물기만 있는 것이 아니라 드라이한 얼룩도 조명을 받게 된다.

석천의 시에서는 강인한 허무정신을 별로 찾아 볼 수 없다. 그리고 기이한 사실이나 삶의 낡은 것과 새 것 사이에 대립되는 철학적 모순 대립의 상극相剋도 별로 없다. 또한 현대사회의 생명을 향한 절규絶叫도 통곡으로 못질을 하지 않았다.

우리 사는 세상은 풍경으로 뒤덮여 있다
너 나 할 것없이 모르게
우린 모두 세상 속 풍경이 된다
꽉 찬 것 같아 보이지만
제 나름의 몫으로 타고난 여백이 있어
누구누구나 종신토록 삶의 역정歷程을 그리며 산다
—「삶의 소묘」 중에서

석천은 시적 소재를 단편적으로 구하지 않고 인간의 삶이 머물고 삶의 진실이 부딪치는 정서의 드넓은 광장을 구석구석 헤집었다. 사랑을 노래했고 이별의 슬픔을 담았으며 인간의 심혼 속에서 솟아나고 꽃피우며 열매를 맺는 시간 속의 애처로움과 광장에서 수줍게 그늘지우며 솟구치는 풀벌레, 그 대자연의 생명의 몸짓에 깊이 그리고 철저하게 파고들어 작자作者와의 교감을 산 채로 형상화 하였다.

석천의 시들은 그것이 인생을 다루었던 자연을 소재로 했건 생명을 제재로 했건 시적 형상화를 통해서 언어예술이 갖는 지시와 환기換起등 내포적 기능과 사실과 구상具象의 외연적 기능을 적절하게 조형화 형상화 하였다.

석천은 언어구사에도 비범한 솜씨를 보였다. 시의 얼굴은 언어이며 시심詩心이나 시혼詩魂도 형상화된 언어에서 찾는다. 한 편의 시가 단순히 기교화된 언어의 나열에 그친다면 그러한 시의 형해形骸 속에서는 생명의 응축, 피의 응결을 기대할 수가 없다. '시는 영혼을 담는다' '시는 생명을 읊는다'는 말은 그래서 하는 말이다. 시의 구조미構造美 속에 형태미形態美 속에 빨려 들어가 작자와 독자들이 함께 삶의 엄숙한 진실에 밀착을 이루고 같은 심혼 속에 합일合一이 되어 위대한 감동 속에 휘말려 들 수 있는 시는 세상에 흔하지는 않다.묘사하고 형상화한 글을 '창작'이라고 하는 것은 이 때문이다.

석천의 시들은 흔히 말하는 현대시들이 보여 주는 자동기술自動記述을 빌어 인간심상心象의 내면세계 심리세계를 그린 것은 많지 않다. 잠재적 의식세계 보다는 조탁彫琢되고 연금鍊金된 심상의 구조미 형태미가 앞서기 때문에 읽는 이로 하여금 설렘의 소용돌이를 갖게 한다.

석천의 시 속에는 유니크한 스타일로 공감을 얻어내려는 끈기가 넘쳤는다. 시는 읽는 사람에게 삶의 진실을 심어 주어야 한다. 작자만 설레여서는 아니 된다. 읽는 사람의 마음이 함께 포개어져야 한다. 서글픔이나 아픔의 감동은 기교 속에서는 배어나지 않는다.

석천의 시는 삶의 현장에서 몸소 체험한 끈끈한 서정, 삶의 집착, 이별의 애상, 사랑의 애수, 자연과의 교감, 그리움과 서글픔, 추억과 회상, 애련愛憐과 상혼傷魂들의 진실을 광범위하게 제재題材로 삼아 잘 짜여지고 가다듬어진 솜씨 속에 80편의 아름다운 시들을 썼다.

그리움은 시의 옷을 입히면 아름다움이 되고 슬픔은 시의 짜임을 이루면 삶의 진실이 된다. 한편의 시는 기도처럼 경건하고 참을 담은 시구詩句 속 한 줄의 간절한 정회情懷는 끝없이 애절한 정한情恨 속을 몸부림치게 만든다. 인간의 정서를 언어로는 다 실을 수가 없다.

따라서 시인은 언어를 창작 한다고 말한다. 하나의 시인이 한 줄의 절실한 표현 속에 빠져 들려면 먼저 인간의 삶, 그 삶의 진실, 눈물의 체험 속에 젖어 들어야 한다. 눈물을 흘려 본 사람이 눈물의 시를 쓸 수있다. 시인은 늘 끈끈한 삶 속에 뛰어들어야 하고 뛰어들어 마음을 포개야 하며 그것을 영혼으로 합일해야 한다. 빠져 들기만 하면 안되고 그

눈물과 피를 객관화 할 수 있어야 한다. 그것이 시의 옷인 언어의 형상화이다.

시는 사상이나 철학을 사변적思辨的, 논리적으로 서술하는 것이 아니다. '삶이 무엇인가' '어떻게 사는 것이 진실한 삶인가'의 문제를 언어로만 만드는 것이 아니라 가슴으로 만들고 시의 혼으로 만들어 작자와 독자들이 혼연渾然한 합일合一을 이루는 것이다.

이별도 사랑처럼

글쓴이 / 석천
펴낸이 / 孫貞順
펴낸곳 / 모아드림

1판 1쇄 / 2009년 3월 27일

서울 서대문구 북아현3동 1-1278
전화 / 365-8111~2
팩시밀리 / 365-8110
E-mail / morebook@morebook.co.kr
http://www.morebook.co.kr
등록번호 / 제2-2264호(1996.10.24)

ISBN 978-89-5664-122-6

값 7,000원